漫话美德健康新生活

自律助人 / 孝老爱亲 / 诚信利他 / 节俭绿色 / 共建共享

本书编写组 编

山东人民出版社

图书在版编目（CIP）数据

漫话美德健康新生活 / 本书编写组编 .— 济南：山东人民出版社，2024.1
ISBN 978-7-209-14897-9

Ⅰ. ①漫… Ⅱ. ①本… Ⅲ. ①精神文明建设－山东－普及读物 Ⅳ. ①D648-49

中国国家版本馆CIP数据核字（2023）第220757号

漫话美德健康新生活
MANHUA MEIDE JIANKANG XINSHENGHUO

本书编写组　编

主管单位　山东出版传媒股份有限公司
出版发行　山东人民出版社
出 版 人　胡长青
社　　址　济南市市中区舜耕路517号
邮　　编　250003
电　　话　总编室（0531）82098914
　　　　　市场部（0531）82098027
网　　址　http://www.sd-book.com.cn
印　　装　山东新华印务有限公司
经　　销　新华书店

规　　格　16开（170 mm × 220 mm）
印　　张　13.5
字　　数　108千字
版　　次　2024年1月第1版
印　　次　2024年1月第1次
ISBN 978-7-209-14897-9
定　　价　38.00元

序言

立身处世，德行为先。

自古以来，德体现于行，德和行相互依存、密不可分。孔子曾说：“德之不修，学之不讲，闻义不能徙，不善不能改，是吾忧也。”他要求弟子经常修养德行，努力钻研学业，并一心向善，不断改正缺点错误。

可见，德行合一，既需要内在的道德培养，也需要外在的行为实践；只有德行合一，人们才能真正具有美德素养和良好行为的完整人格。

2023年6月2日，习近平总书记在文化传承发展座谈会发表重要讲话时指出，“两个结合”是我们取得成功的最大法宝，中国特色的关键就在于“两个结合”。强调在五千多年中华文明深厚基础上开辟和发展中国特色社会主义，把马克思主义基本原理同中国具体实际、同中华优秀传统文化相结合是必由之路。

山东省委着眼建设新时代美德山东，立足传承弘扬中华优秀传统文化，推动社会主义核心价值观融入日常生活，提出在全社会倡树“自律助人、孝老爱亲、诚信利他、节俭绿色、共建共享”的新时代美德健康生活方式，以更好促进个人身心健康、人际关系和谐、社会风尚和美。

德行是人生的根基，而美德则是人类通向精神高地的桥梁。新时代背景下，我们需要以全新的视角，来重新审视这五方面美德的内涵和意义：

自律助人，是修身自立要坚守的第一美德。“勿以恶小而为之，勿以善小而不为。”自律是个体自我的觉醒与觉知，是一种内在的力量，它让我们能够按照规则和原则行事，控制自己的欲望和冲动；助人则是推己及人，是一种关怀和奉献，它让我们愿意帮助他人、关心社会发展。自律和助人相辅相成，通过高度的自觉、严格的自律，能够更好地为他人提供帮助，共同创造一个更加和谐的社会。

孝老爱亲，是家庭生活的传统美德。“老吾老，以及人之老；幼吾幼，以及人之幼。”孔子说：立爱自亲始，立敬自长始。爱亲敬长、孝顺父母、尊重长辈已传承了五千年，在新时代，我们更要以“孝文化”为核心，将关爱和尊重扩展到更广阔的范围，不仅要关心和照顾家人，还要关注社会中那些需要关怀和帮助的人群。通过孝老爱亲，营造更温暖、亲密的人际关系，构建一个充满爱和关怀的社会。

诚信利他，是社会交往的第一准则。“人而无信，不知其可也。”“朋友信之”是孔子追求的社会理想之一，曾子也说：“吾日三省吾身：为人谋而不忠乎？与朋友交而不信乎？传不习乎？”忠诚、诚信是社会交往的基础，不仅体现在言行举止中，更体现在对待事业、对待他人、对待社会的态度中；利他则是一种无私的奉献和关爱，它让我们不仅仅为自己的利益着想，还要考虑到他人的利益和福祉。只有通过诚信和利他，我们才能够建立起互相信任的关系，共同促进社会的和谐与发展。

节俭绿色，是消费生活中的一种生活方式。“取之有度，用之有节，则长足。”在这个物质丰富而浪费严重的时代，我们需要深刻反思消费观念和习惯。只有通过节俭绿色，我们才能营造出可持续发展的社会环境，构建一个更加美丽和宜居的世界。

共建共享，是工作处事中的具体把握。“千人同心，则得千人之力。”共建共享意味着我们共同参与社会建设，共同分担社会责任。只有通过共建共享，我们才能够建立起一个公平、正义的社会秩序，让每个人都有机会获得发展和幸福。

作为一部漫说插画小品文图书，本书具有如下特点：

第一，图文并茂，丰富多彩。书内附有100多幅插画，通过独特的视觉风格和艺术设计，让内容更具吸引力，不但给读者带来视觉享受，还有助于更好地理解故事情节。

第二，立足场景，便于共鸣。本书插图绝大部分为场景式表达，通过图像的力量，能够更直接地触动读者的情感。插画师通过色彩、线条、构图和表达方式等元素，展现人物的表情、动作和环境的氛围，使读者更好地融入故事中，共情其中。

第三，行文活泼，拒绝说教。本文共分五大篇章，每一篇章都附有几篇小品文。为避免过于沉闷和说教，作者站在读者的角度思考，比如通过讲述故事或编写寓言，将道理融入其中；以生动有趣的方式描述情节和角色，让读者通过情节和人物的经历自行领悟道理。

第四，文化传承，润物无声。中华优秀传统文化需要继承下来，更需要传承下去。本书在行文中引用了大量的古文，并在插图中进行了古今对照，以此证明，文化传承韧性十足，“目濡耳染，不学以能”。

以德导行，德行合一。让我们用心去品味美德的芬芳，共同迈向一个更加和谐、美好的未来！

是为序。

杨朝明

2023年11月

目录

第一篇 立身之道：自律助人

第二篇 齐家之道：孝老爱亲

第三篇 仁爱之道：诚信利他

第四篇 共生之道：节俭绿色

第五篇 敬事之道：共建共享

第一篇

立身之道：自律助人

既不放纵欲望，也不弃绝欲望；
既为自己考虑，也为别人着想。

一、越自律 越自由

《诗经》云："有匪君子，如切如磋，如琢如磨。"

这句话的意思是说，君子如美玉，历经过"千刀万剐"，才能脱胎换骨，完美无瑕。

一句话，道出了自律的意义。

屈原小时候，不顾家人反对，不论刮风下雨，天寒地冻，都躲到山洞里苦读《诗经》。经过整整三年，他熟读了《诗经》305篇，从这些民歌民谣中吸收了丰富的营养，终于成为一位伟大诗人。

欧阳修晚年，已成为一代大家，名满天下。但他仍旧每天把生平所写的文字，加以修改，用心极苦。他的夫人叫他不要修改了，说："何必这样折磨自己？难道还怕老师责骂？"欧阳修笑道："不怕先生骂，却怕后人笑。"

自律的生活，需要好习惯的塑造：我们的饮食习惯关系着身体健康，行为习惯影响着人际关系，学习习惯决定着知识层次，思维习惯制约着发展空间……

好的生活习惯，会让你摆脱无用的社交，远离无意义的争执，也会让你更懂得珍惜时间。比如现在很多人刷短视频成瘾，每天盯着手机看几个小时，但如果你习惯了饭后去运动，运动之后就看书，那么你每天都能收获知识和健康，生活也变得更有意义。

日复一日，年复一年，把好习惯坚持下去，才会赢得有光芒的人生。

自律，方能对自己的人生收放自如；种下自律的种子，才能开出自由的花。

立志欲坚不欲锐，成功在久不在速。

——南宋·张孝祥《论治体札子》

早成者未必有成，

晚达者未必不达。

不躺平，不内卷，

坚持很难，成功很美。

盛年不重来，一日难再晨。

及时当勉励，岁月不待人。

——东晋·陶渊明《杂诗》

能把握时间的人，

才能活出生命的长宽高。

克己可以制怒，明理可以制惧。

——南宋 · 朱熹《近思录》

捕猎时的狮子从不吼，

只会吼的狮子饿成狗。

君子使物，不为物使。

——《管子·内业》

心手相连，“手”是手机？

携手同行，“手”是手机？

放下手机，看看身边人！

书卷多情似故人，

晨昏忧乐每相亲。

——明·于谦《观书》

什么时候，阅读成了一种奢侈？

什么时候，看书成了一种仪式？

锲而舍之，朽木不折；

锲而不舍，金石可镂。

——《荀子·劝学》

仰卧躺平，满眼都是“天花板”，

直立行走，抬头才见阳光灿烂。

二、千万别拿自己不当外人

列车上，疲惫的你正打算小憩，一阵手机铃声响起，接通后，机主旁若无人，声若洪钟，一路高谈阔论……

办公室里，苦思冥想的你突来灵感，正要奋笔疾书，同事突然闯入，非要打开你的手机，看看发了多少年终奖……

以上情形，想必每个人或多或少都遇到过，大多让人感到不适且无可奈何。他们作出这些行为，大概率并没有什么恶意，只是因为，他们缺失了边界感，太拿自己不当外人罢了。

一、什么是边界感?

边界感是指人与人内心的自我界限，也就是我们常说的底线或者分寸。这有点像你自己的房间，如果落了锁或关了门，别人要经过你的允许才能进入。

现代社会中，边界感是一种社交原则，也是一种交往方式。说白点，就是说话做事张弛有度，不越界。

人与人之间的交往，距离若是远了，容易陌生；若是靠得太近，又容易伤害到彼此。唯有合理分寸的交往，才会相处得舒服，也才会相处得长久。

二、我们该如何建立边界感?

1.要有清晰的自我边界

问问自己的内心，你能接受什么？不能接受什么？自己的原则和底线是什么？只有了解自己的边界，才会懂得拒绝。

2.要学会适可而止

在和别人交流时，不要以自我为中心，而是要以他人为出发点。比如朋友找你聊工作，你却要跟他聊家庭，这就失了分寸、越了边界。有时候，“你不说、我不问”，会让双方相处起来更舒服。

3.要有准确的角色意识

生活中，每个人都会随时随地切换自己的角色位置。上司面前你是下属，生意场上你是客户，父母身边你是子女，子女面前你是父母……不同的角色，面临的边界不同，清楚了角色位置，才能更好地守住边界。

《吕氏春秋》有言：“凡事有度，过犹不及。”保持边界感，并不是要你自闭心门，放弃关心他人和世界，而是让你学会换位思考，更多地考虑对方的感受，让彼此间的关系多一点空气，能更自由畅快地呼吸。

安能摧眉折腰事权贵，

使我不得开心颜！

——唐·李白《梦游天姥吟留别》

一味顺从，只会失去自己。

扔掉面子，勇敢说“不”！

味甘终易坏，

岁晚还知，

君子之交淡如水。

——南宋·辛弃疾《洞仙歌·丁卯八月病中作》

不近不远，尺度合理；

不浓不淡，各自心安。

子曰：君子无所争，必也射乎！

揖让而升，下而饮。其争也君子。

——《论语·八佾》

良性竞争，比拼赶超；

比赛结束，握手拥抱。

自省吾身，常思己过，善修其身。

——引申自《论语·学而》

为人有“两看”：

多看自己短处，

少看别人错处。

业精于勤，荒于嬉；

行成于思，毁于随。

——唐·韩愈《进学解》

与其投机钻营，不如静心钻研。

越钻营越累，越钻研越精。

惟保守也，故永旧；惟进取也，故日新。

——梁启超《少年中国说》

躺在成就的勋章上，

勋章早晚会生锈，

技能迟早会退化。

三、助人方能达己

己欲立而立人，己欲达而达人。

先讲一个盲人点灯的故事：

一天夜里，一位持着盲杖的盲人提着一盏灯笼走在路上，路人不解，问他："你又看不见，为何打着灯笼多此一举？"

盲人笑了笑，说："点灯一是让别人看清路，二是让路人可以看到我，以免误伤到我。"

盲人点灯，照亮别人也照亮了自己，这就是成人达己。历史上的"管鲍之交""范蠡三散家财成就商业传奇""将相和""萧何月下追韩信"等一段段传奇佳话，也充分说明帮助别人就是帮助自己。

中华优秀传统文化提倡仁者爱人、助人为乐。中华民族讲求天地人和谐共生，"赞天地之化育"内含着对他人的帮助、人与人的互助。中国字"人"，就很好地诠释了这个道理，一撇是自己，一捺是别人，帮助别人才能撑起自己，才能真正立起一个"人"。

人在天地间、群体中，本性上都有一颗助人的种子。人类社会制度，就是通过“土壤、阳光、空气和水肥”等的设计、安排和倡导，让助人的人性种子发扬光大，成长于共同体之中。现代社会，信息化水平越来越高，社会分工越来越细，人与人之间的关联度、依存度也越来越强。人作为一切社会关系的总和，更加需要相互帮助、相互协作，这样才能互相成就、共同发展。

做一个有爱心的人，才能以爱心换爱心，汇聚起全社会的大爱。

责人之心责己，

恕己之心恕人。

——《增广贤文》

成为社牛并不难：

换位思考，微笑拥抱。

爱人者，人恒爱之；

敬人者，人恒敬之。

——《孟子·离娄章句下》

所有赞美与尊重，

都来自于过往的善良与努力。

每有患急，常先人后己。

——西晋·陈寿《三国志》

为什么“您”是尊称？

因为有人把“你”放在了心上。

师曰：路见不平，所以按剑。

——北宋·释道原《景德传灯录·义聪禅师》

袖手旁观不出手，

轮到自己谁援手？

病人之病，忧人之忧。

——唐 · 白居易《策林》

同理心，

是打开心门的金钥匙。

人之为善，百善而不足；

人之为不善，一不善而足。

——南宋·杨万里《庸言》

善意没有形状，

却如春风轻抚人心，

又如细雨遍洒人间。

第二篇

齐家之道：孝老爱亲

老吾老，以及人之老；幼吾幼，以及人之幼。

一、好家风 才能正国风

好的家风，不仅是一个家庭的宝贵财富，更是中华民族的精神尺度。

在中国文化里，一个人的生命的价值不仅属于自己，更属于自己的家族，除了要背负对家庭和家族的责任使命，还要把自己的家族文化——良好的品德作为家风“传承”下去。

诸葛亮在《诫子书》中教导儿子“非淡泊无以明志，非宁静无以致远”。曾国藩在家书中希望子孙后代能成为“勤俭自持，习劳习苦，可以处乐”的君子。“忠厚传家久，诗书继世长。”这些美好的品德通过家族关系代代相传，渗透到每一个中国人的骨血中，成为我们性格乃至命运的一部分。

从良好的家风出发，儒家实现了国家的有序治理。《大学》里说：修身、齐家、治国、平天下。儒家在处理家族关系的过程中，总结了一系列良好的家风，并将其扩展到国家治理上，如“老吾老，以及人之老；幼吾幼，以及人之幼”，就能达到理想的社会治理状态。

家庭是社会的缩影，它所展示的优良家风对于塑造社会正风反腐、促进社会和谐发展具有积极的影响。因此，好家风和正国风是相互关联、相互促进的。良好的家庭环境和家庭教育有助于培养和传承正国风，而正国风的形成和传承也需要有良好的家庭作为基础。每个家庭都应该注重培养好家风，传承正国风，从家庭层面为社会的进步和发展作出积极贡献。

修身而后家齐，

家齐而后国治，

国治而后天下平。

——《礼记·大学》

家是最小国，

国是千万家。

有时候，“家事”就是“国事”。

践行忠孝，家国同构。

——《孔氏祖训箴规》

家风正则民风淳，

民风淳则国风清。

家有一心，有钱买金；

家有二心，无钱买针。

——明·徐田臣《杀狗记》

心手相牵，就没有翻不过的山；

血脉相连，就没有跨不过的坎。

父子笃，兄弟睦，夫妻和，家之肥也。

——《礼记·礼运》

根在一起，长在一起，

才是“相亲相爱一家人！”

国之本在家，家之本在身。

——《孟子·离娄章句上》

满脸冷漠，

回家看啥都是错；

扔掉坏情绪，

小家才是安乐窝。

治家以和平两字为主。

——清·钱泳《履园丛话·治家》

什么是家？

一宅一院，柴米油盐。

三餐四季，美美满满。

二、爱莫等 孝莫迟

孝，是百善之先。

父母生养之恩，是天底下最大的恩情。《朱子家训》中有句话："重贵财，薄父母，不成人子。"如果一个人眼里只有钱财利益，对父母不管不问甚至百般挑剔，那么他就不配为人子女。如果一个人连自己的父母都不孝顺，那其他的善良就是伪善。

孝敬父母，靠的远远不是金钱和物质。别嫌弃父母的唠叨，你不知道，他们每一句唠叨里有多少牵肠挂肚、寝食难安；别抱怨父母的过去，他们有可能没那么成功，有可能固执严厉、观念守旧，但是他们拼尽了全力，把自认为最好的东西拿给你；别觉得父母"落伍""脱节"，请给他们讲讲新鲜事，带他们看看这个时代的美好。他们可能思维迟缓，可能行动不便，可能疾病缠身，这时候，你也可以成为他们的依靠和港湾。

当父母的，给孩子再多，也愧疚给得不够；当孩子的，给父母一点，便觉得自己孝心深厚。我们仿佛认定了，他们会对我们无限包容，他们永远都不会离开。

但所谓的永远，真的没有多远。“夕阳无限好，人间重晚晴。”孝顺父母，不仅仅是为了报答恩情，更是为了让自己不留遗憾。

往后余生，爱莫等，孝莫迟。

父兮生我，母兮鞠我。拊我畜我，长我育我。

顾我复我，出入腹我。欲报之德，昊天罔极。

——《诗经·小雅·蓼莪》

跟父母吵架了，

就让让他们，

就像小时候他们呵护我们一样。

孝子之至，莫大乎尊亲。

——《孟子·万章上》

家和万事兴，孝为第一功。

子夏问孝，子曰："色难。有事，弟子服其劳；有酒食，先生馔，曾是以为孝乎？"

——《论语·为政》

一个人的人品，

藏在他对父母的态度里。

树欲静而风不止，子欲养而亲不待。

——《孔子家语》

小时候总想去远方，

长大后总想回家乡。

娘在，家就在；

娘不在，人生只剩归途。

孝子之养也，乐其心，不违其志。

——《礼记·内则》

不要“自以为孝”，

多想想父母的喜好。

大孝终身慕父母。

——《孟子·万章上》

无论走多远，
都不要忘了在原地的父母，
因为牵了你的手，
才羁绊了他们前行的脚步。

三、另一半 另一伴

人生有太多过客，兜兜转转、聚散离合，很多我们曾经认为无比重要的人和事，都随着岁月慢慢消失在记忆里。到头来，发现能够陪伴我们白头到老的，只有我们的另一半。

老伴老伴，老来相伴。岁月会告诉你，陪伴是最长情的告白。

另一半，是生活上的相濡以沫。“闲时与你立黄昏，灶前笑问粥可温。”锅碗瓢盆里不免有磕磕绊绊，但是柴米油盐间的呵护却可以让爱意细水长流。日子长了，老夫老妻就像左手和右手，不会再有感觉，却又无法分离。

另一半，是心灵上的知冷知热。我们怀着“愿得一心人，白头不相离”的心愿走进婚姻。结婚很容易，但是要想成为那个“一心人”，却需要一辈子的将心比心。我们怀着不同的脾气、秉性走在一起，用理解和包容控制好情绪、守得住分寸，最后走完这一生。

另一半，是风雨来临时的同舟共济。有句话说得好：“我不羡慕街头拥吻的情侣，我只羡慕夕阳下牵手的老夫妻。”每一段婚姻走到最后，都是生死之交。另一伴，是你生病时坐在你床头端汤递药、不离不弃的人，是你事业低谷时给你的生活“托底”、让你不至于露宿街头的人，是你老了之后和你不离不弃、互相搀扶的人。

余生，去找寻那个宠你到老的人。因为真正爱你的人，才会一辈子把你放在心尖上。

死生契阔，与子成说。

执子之手，与子偕老。

——《诗经·邶风·击鼓》

所谓夫妻，

或许是烦了一辈子，

吵了一辈子，

闹了一辈子，

但是依然过了一辈子。

结发为夫妻，恩爱两不疑。

——汉·佚名《留别妻》

最好的婚姻，

不是你挣钱养家，我貌美如花，

而是我们一起努力，

你很好，我也不差。

二人同心，其利断金；

同心之言，其臭如兰。

——《周易·系辞上》

家庭不是棋局，

无须争个输赢；

婚姻不是考场，

何必计较对错？

嫁女择佳婿，毋索重聘；

娶媳求淑女，勿计厚奁。

——清·朱柏庐《朱子家训》

我以为我们不一样，
果然还是迈不过彩礼这个坎儿。

贫贱之知不可忘，

糟糠之妻不下堂。

——南朝宋·范晔《后汉书·宋弘传》

少年夫妻老来伴，

执手相看两不厌。

夫妇和而后家道成。

——明·程允升《幼学琼林》

大事多商量，小事多原谅；

家务一起分担，爱要一起分享。

四、教育孩子 是父母一生的事业

你有多久没好好跟孩子谈心了？

提到这个问题，好多家长一脸委屈：现在中年人多忙啊，即使这样，还恨不得全家都围着孩子转，衣来伸手，饭来张口，生活方面我们尽心尽力，至于其他，我们是心有余而力不足啊！

他们觉得，教育孩子是学校的事，自己只要多挣钱，买上贵的学区房，把孩子送进一所好学校，再让他们吃好穿好，自己的任务就完成了。

他们可能没意识到，一位好老师，最多可以陪伴孩子几年的时间。然而，优秀的父母却能陪伴孩子一生，并影响孩子的人格。

“养不教，父之过；教不严，师之惰。”家庭教育和学校教育同样重要，教育孩子是一门艺术，需要每位家长都认真学习：

孩子成长中，父母要及时陪伴；孩子长大后，父母要学会放手；在对孩子寄予期待的时候，父母要先做好榜样；孩子每学会一个道理，背后都是父母不厌其烦的引导……

没有一朵花，生来就是花。孩子的成长是一场缓慢而漫长的过程，都是第一次为人父母，一定少不了困难和辛苦，但是父母也会收获成长和快乐。

漫漫人生路，很多事情都可以重来，但是孩子的成长只有一次，错过了就再也无法挽回。

曾子曰：婴儿非与戏也。

婴儿非有知也，待父母而学者也，听父母之教。

今子欺之，是教子欺也。

——《韩非子 · 外储说左上》

你要孩子成为什么，

父母自己先成为什么。

昔孟母，择邻处；

子不学，断机杼。

——《三字经》

父母是孩子的镜子，

孩子是父母的影子。

爱之不以道，适所以害之也。

——北宋·司马光《资治通鉴》

挫折教育不是过苦日子，

而是培养孩子直面挫折的品质。

教子勿溺爱，子堕莫弃绝。

——引申自清·王永彬《围炉夜话》

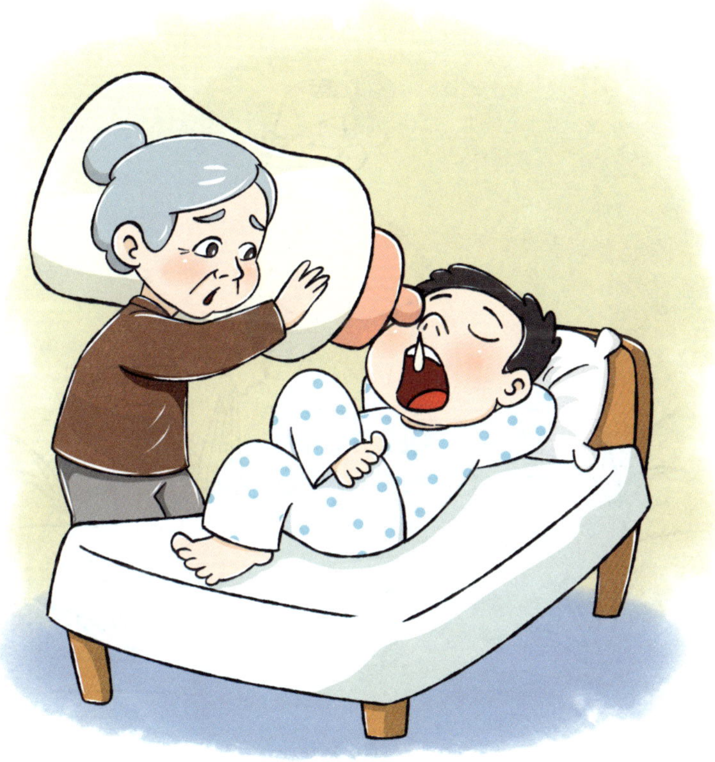

家长纵容溺爱，

养出多少巨婴？

爱得多，不如爱得对。

子曰：无欲速，无见小利。

欲速，则不达；见小利，则大事不成。

——《论语·子路》

孩子磨蹭不是病，

催促的家长最要命！

张而不弛，文武弗能也；

弛而不张，文武弗为也。

一张一弛，文武之道也。

——《礼记·杂记下》

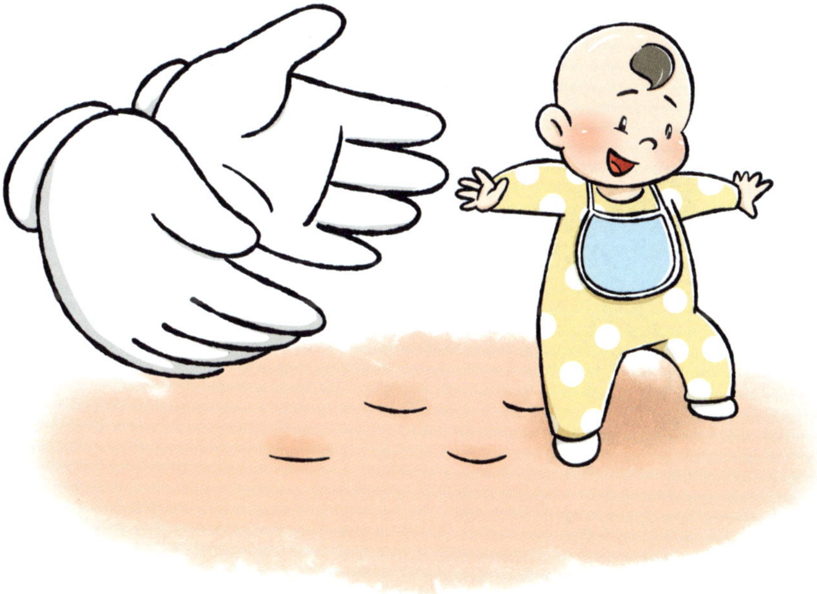

有一种爱叫作放手，

转身吧，给他新的开始。

第三篇

仁爱之道：诚信利他

待人善意真诚，为人守信践诺；
多发友善之心，多行利他之事。

一、与诚信同行

人无信不立。

这句话出自《论语》，原句是："自古皆有死，民无信不立。"意思很简单，就是一个人如果没有信用，在这个世界上就无法立足。

"信"的核心含义是"诚"，主要表达了"人言不欺""专一不移""言之有实"的价值态度：对内，不欺瞒自己的内心；对外，不矫饰自己的言行。"诚"与"信"的结合，是作为社会关系总和的人的内在道德修养与外在行为准则的统一。

孔子把"信"与"仁、义、礼、智"并列为"五常"。孟子将"诚"与"信"结合在一起，提出道德修养论。在我国传统文化中，诚信是塑造高尚人格的道德要求，经过千百年的传承凝聚为民族精神的重要组成部分。

当前，诚信在我国社会建设和发展中发挥着越来越重要的价值引领作用，党的十八大报告中明确将其列为社会主义核心价值观之一。我们常说现代社会是信用社会，信用良好的人，可以申请银行贷款、信用抵押，为个人事业、生活锦上添花；反之，那些恶意欠款、逾期还贷的人，则会造成个人征信不良，成为连飞机、高铁都坐不了的“老赖”，真可谓是寸步难行。

诚信是我们事业的安全绳，是我们行走的方向标。我们要倍加珍惜，保持警惕，紧抓诚信这根安全绳，把好“方向盘”，走好正确路。

诚信者，国之宝也，民之凭也，天下之结也。

——引申自《管子·枢言》

信用是最大的资本，

诚实是最大的聪明。

不受虚言，不听浮术，
不采华名，不兴伪事。
——汉·荀悦《申鉴》

诚信是个宝，但不是聚宝盆。

随意挥霍，就越来越少。

曾子曰：吾日三省吾身：为人谋而不忠乎？与朋友交而不信乎？传不习乎？

——《论语·学而》

靠谱，

就是事事有闭环。

做个靠谱的人，

自己安心，予人美好。

马先驯而后求良，人先信而后求能。

——《淮南子》

你可以在部分时间欺骗所有人，
也可以在所有时间欺骗部分人，
但不能在所有时间欺骗所有人。

惟诚可以破天下之伪，

惟实可以破天下之虚。

——明·薛瑄

撒一句谎，

就要用无数谎言来圆，

就像吹气球一样，

终有爆的那一天。

可终身而守约，不可斯须而失信。

——唐·张弧《素履子·履信》

诚信很难，

失去就在一刹那，

而得到却要坚持一辈子。

二、举手投足 皆有礼数

为什么中国被称为礼仪之邦?

中华民族自古以来素以重礼仪而著称。古代时，许多来到中国的外国友人，看到这里的人们普遍接受礼仪的教化与熏陶，在言行举止上以礼仪为美德，以至于人们待人谦敬温和，相互间关系融洽，发出由衷感叹，称中国为礼仪之邦。

《论语》里有一则故事，孔子正告儿子孔鲤："不学礼，无以立。"意思是：如果不学礼的话，是无法在社会上立足的。

家喻户晓的《三字经》中也指出，做儿女的，从小时候起，就应熟悉在不同场合的各种礼节，学习礼节仪文之事。历史上一些著名的古训、家训、学规中，也都有大量的关于日常衣食住行、待人接物等方面的礼仪规范。

礼仪是人类文明进步的重要标志，是适应时代发展，促进个人进步与成功的重要途径。从个人角度来看，礼仪是一个人内在修养和素质的外在表现；从交际角度来看，礼仪是人际交往中约定俗成的示人以尊重、友好的习惯做法；从传播角度来看，礼仪是在人际交往中进行相互沟通的一种技巧。

举手投足皆有礼数，是一个人顶级的修养。只有拥有礼仪，人类才会和谐相处，社会才会积极向上，国家才会兴旺发达。

学礼、懂礼、守礼、用礼，不妨从现在开始吧！

衣冠不整，谓之外惰。

行义不修，谓之内惰。

内外俱惰，何人不唾。

——北宋 · 邵雍《内外吟》

“膀爷”们，

这不是洒脱，是“傻脱”。

穿好衣服，行吗？

子曰：质胜文则野，文胜质则史。

文质彬彬，然后君子。

——《论语·雍也》

万水千山总是情，
别再劝酒行不行？
这不是文化，
是酒桌“绑架”！

圣贤处利让利，处名让名，故淡然恬然，不与世忤。

——明·吕坤《呻吟语》

出门四不带：

不带戾气，不带怨气，

不带怒气，不带娇气。

逢人须敛手，避道莫前荡。忽若相冲著，他强必自伤。

——唐·王梵志《题鬫 其四十五》

本来各自有道，

偏要随意乱道。

勿以恶小而为之，勿以善小而不为。

——三国·刘备

出门遛狗一绳牵，

文明养宠不掉“链”！

非礼勿视，非礼勿听，非礼勿言，非礼勿动。

——《论语·颜渊》

低分贝，高素养，

公共场合，不做“老吵”！

三、利他精神的“方法论”

1939年12月，毛泽东写了《纪念白求恩》一文，高度赞扬白求恩“毫不利己专门利人的精神”，并号召大家向白求恩学习。“毫不利己专门利人”，就是我们常说的利他精神。

利他精神根植于中华优秀传统文化的丰沃土壤，“泛爱众”“以爱己之心爱人，则尽仁”“兼相爱，交相利”等，都体现出这种精神，呈现出一种重视整体、关注他人的倾向，强调人与人之间要相互依赖、相互友爱、相互帮扶。

利他精神发乎天性，不是再三权衡后的行善，而是心有不忍、身体力行。利他作为一种亲社会行为，在日常生活中，我们可从以下三个方面，随时随处做起：

一、守承诺

古语有云，“一诺千金”“一言九鼎”“一言既出，驷马难追”。一个信守承诺、言出必行的人，通常也会得到别人的信任和尊重；相反一个出尔反尔、言而无信的人，只会让人感到反感和深恶痛绝。个人生活在社会中，就要认真履行自己作出的每一个承诺，无论这个承诺是大是小、是轻是重、是难是易，都要用心奉行，不辜负别人的信任，真正做到躬体力行、言行一致。

二、行善举

“吉人为善，惟日不足”“为善最乐”，中国传统文化强调人性本善，认为重德行善不仅能为社会作贡献、让他人受益，更能获得精神上、道德上的自足之乐。在生活中，我们要心存善念，用爱心换来人间充满友爱的春天，对他人要有同情之心、仁爱之情，培养先人后己的情操；要与人为善，给身陷困境中的人施以援手，乐于成人之美；要劝人向善，用自己的善行义举带动身边更多人一心向善、回报社会，做身边人的好榜样。

三、做志愿

“小善渐而大德生”“上善若水，水善利物而不争”等助人为乐、扶危济困的传统美德，与“奉献、友爱、互助、进步”的现代志愿精神是相互契合的。志愿服务，源于无私的爱传递真诚的善，可以铸就人的精神品质，提高社会文明水平。“赠人玫瑰，手留余香”“有一分热发一分光”，奉献的人生最美丽；“我为人人，人人为我”“有时间做志愿者，人人争当志愿者”，友爱的社会最温情。

以美好的利他之心为社会、为世人倾注力量时，我们的人性就能得到磨炼，幸福感和充实感就会降临，我们的人生就有了更深的意义和更大的价值。

子曰：君子喻于义，小人喻于利。

——《论语·里仁》

所谓“日行一善”，

就是每天做一件力所能及的好事。

老吾老，以及人之老；

幼吾幼，以及人之幼。

——《孟子·梁惠王上》

哪朵玫瑰最香？

送人的那朵。

香了他，美了我！

人生自古谁无死，

留取丹心照汗青。

——南宋 · 文天祥《过零丁洋》

英雄逆行而上，

勇者负笈前行！

落红不是无情物，化作春泥更护花。

——清 · 龚自珍《己亥杂诗》

什么是高光时刻？

看看烟花，

燃烧自己，照亮别人。

千里家书只为墙，让他三尺又何妨。

万里长城今犹在，不见当年秦始皇。

——清·张英《观家书一封只缘墙事聊有所寄》

千金买屋，万金买邻。

善待邻居，出门见喜。

不要人夸好颜色，只留清气满乾坤。

——元·王冕《墨梅》

但行好事，莫问前程。

为善积福，不昧己心。

第四篇

共生之道：节俭绿色

凡事把握节度，凡用尚俭求约；
居家不污染环境，做事不破坏生态。

一、勤俭是我们的传家宝

历览前贤国与家，成由勤俭破由奢。

唐代诗人李商隐《咏史》一诗中的这两句话，被后世奉为至理名言。清代思想家魏源将勤俭的概念上升到了德行的高度："俭，美德也；禁奢崇俭，美政也。"他认为，于个人和家庭而言，节俭是一种生活态度，是一种美德；于国家而言，节俭是夯实执政根基的基石。

中国历来讲究"忠厚传家久，勤俭继世长"。如果家境殷实了，就大手大脚、竞相奢侈、乐当"土豪"，无论什么时候、处于何种社会环境，这种"败家行为"都是对家风的一种损害。

魏晋南北朝时期，几乎所有国家存在的时间都非常短暂，最长的也就是几十年，亡国原因之一就是统治者奢靡无度、耽于享乐。晋武帝生活豪奢、食费万钱，犹云无下箸（筷子）处；石崇与王恺斗富，暴殄天物，纸醉金迷，西晋短短50余年而亡国。

勤俭节约也是中国共产党人的优良作风和克敌制胜的重要法宝。当年，美国记者斯诺到延安采访，看到毛泽东等中国共产党领导人，吃的是粗糙的小米饭，穿的是用缴获的降落伞改制的背心，住的是简陋的窑洞，不由感慨地称赞这是共产党人身上的“东方魔力”，并断言这种力量是“兴国之光”。

历史和经验告诉我们：一个不能勤俭节约的国家，难以繁荣昌盛；一个不懂厉行节俭的社会，也难以长治久安。

家是最小国，国是千万家。一个个家庭只有富而不奢、俭以养德，才能整体提升千万个家庭的生活品位，从而推动全社会形成崇俭尚勤的良好风尚。

一粥一饭，当思来处不易；

半丝半缕，恒念物力维艰。

——清·朱柏庐《朱子家训》

手中有粮，心就不慌。

脚踏实地，喜气洋洋。

一饱之需，何必八珍九鼎？

七尺之躯，安用千门万户？

——汉·司马迁《史记》

剩菜不光荣，打包不可耻。

别忘了：吃不了咱兜着走！

奢侈之费，甚于天灾。

——唐·房玄龄等《晋书·傅咸传》

创业百年，败家一天。

子曰：奢则不孙，俭则固。

与其不孙也，宁固。

——《论语·述而》

看起来是个人的小事，

乘以14亿就是天大的国事。

节约不是过苦日子，

是为了不过苦日子。

财有限，费用无穷，当量入为出。

——南朝梁·颜之推《颜氏家训》

购物一时爽，弃置心情丧。

冷静想一想，当初为什么要买它？

莫听穿林打叶声，

何妨吟啸且徐行。

竹杖芒鞋轻胜马，

谁怕？一蓑烟雨任平生。

——北宋·苏轼《定风波》

该舍的舍，该放的放，

别把生活塞得满满当当。

二、绿水青山就是金山银山

古语云：“天地之生万物也，以养人”“草木殖成，国之富也”。

无论是获取饮食，还是实现美好生活的夙愿，大自然都是人的生存之本。泱泱五千年中华文明充盈着尊重自然、顺应自然、敬畏自然和保护自然的智慧，至今仍给人以深刻警示和启迪。

保护自然不是困守青山的“缘木求鱼”，经济发展也不是掠夺自然的“竭泽而渔”，“绿水青山就是金山银山”，阐明了保护自然和经济发展的辩证统一关系。良好的生态环境本身就蕴含着无穷的经济价值，能够源源不断地创造综合效益，只有把绿色发展的底色铺好，才会有经济社会发展的高歌猛进。

“绿水青山就是金山银山”的硕果，并不是自发能够完成的，也不是自然而然就能实现的，需要我们付出自觉、艰苦、顽强的努力，甚至暂时的牺牲：

一、要树立和谐共生理念

践行“绿水青山就是金山银山”的价值理念，要做到敬畏自然、尊重自然、关爱自然，正确看待长远利益和短期利益之间的关系，算好大账和小账、眼前账和子孙账，真正以自然之道保护自然、还自然以自然。

二、要提升生态文明素养

“绿水青山就是金山银山”是一种发自心灵深处的醒悟和外化于行的素养。要珍惜生态、保护资源、爱护环境，只有每个人都当好建设者，形成关爱和保护生态的自觉，才能成为良好生态的受益者。

三、要创新发展“美丽经济”

要守绿成金、添绿增金、点绿成金、借绿生金，利用自然优势发展特色产业，让良好生态环境成为经济社会持续健康发展的支撑点、增长点，在资源环境可承受的范围内，促进经济社会可持续发展，实现人与自然和谐共生。

天有其时，地有其财，人有其治，夫是之谓能参。

——《荀子·天论》

人与自然和谐共生，

才是地球最好的模样。

竭泽而渔，岂不获得？而明年无鱼；

焚薮而田，岂不获得？而明年无兽。

——《吕氏春秋》

留得青山在，

不怕没柴烧。

取之有度，用之有节，则常足。

取之无度，用之无节，则常不足。

——北宋·司马光《资治通鉴》

除了相片，什么都不要带走；

除了脚印，什么都不要留下。

劝君莫打枝头鸟，子在巢中望母归。

——唐·白居易《鸟》

少一些买卖，就少一些伤害。

一室之不治，何以天下家国为？

——清·刘蓉《习惯说》

满眼风光在，

一地垃圾留；

随手就能扔，

为什么就是不往垃圾箱里扔？

人法地，地法天，天法道，道法自然。

——《道德经》

节能低碳，

绿水青山，

地球咱妈，

对她好点儿！

第五篇

敬事之道：共建共享

沉心专注能成事，心浮气躁会败事；
一花独放难久长，万花盛开才是春。

一、共同富裕需要共同奋斗

“天上不会掉馅饼”，幸福，是奋斗出来的。

“天行健，君子以自强不息”“贫贱忧戚，庸玉汝于成”“功崇惟志，业广惟勤”，中国人在追求美好生活的征途上，始终秉持着勤勉奋斗的精神理念。

中国共产党的奋斗史，就是一部追求全体人民共同富裕的探索史。新中国成立之初，毛泽东同志就提出了我国发展富强的目标，指出“这个富，是共同的富，这个强，是共同的强，大家都有份”。邓小平同志讲“社会主义最大的优越性就是共同富裕”。党的十八大以来，以习近平同志为核心的党中央，把逐步实现全体人民共同富裕摆在更加突出的位置，打赢了脱贫攻坚战，全面建成了小康社会，为促进共同富裕创造了更为坚实的物质基础。

现在，我国已经到了扎实推动共同富裕的历史阶段。在新起点上接续奋斗，推动全体人民共同富裕取得更为明显的实质性进展，任务更加艰巨繁重，更需要所有人共同努力、共同奋斗，发展自我、奉献社会，共同享有人生出彩、梦想成真的机会。

一、要树立正确观念

共同富裕的实现是动态向前发展的过程，不可一蹴而就，要脚踏实地、久久为功。共同富裕不是同时富裕、同步富裕、同等富裕，更不是搞平均主义、吃大锅饭、养懒汉，必须靠全体人民团结奋斗，在共建共享中迎来美好新生活。

二、要与时代同行

共同富裕是全体社会成员的共同责任，每个人都是新时代的建设者、奋斗者、受益者，要自觉把“小我”融入“大我”之中，在共同富裕的美好蓝图中找准定位、焕发热情、释放潜能，凝聚起推动共同富裕的强大合力。

三、要继续艰苦奋斗

“民生在勤，勤则不匮。”我们每个人都要做新时代的奋斗者，从自身岗位做起，将艰苦奋斗精神充分运用到工作实践中，坚持吃苦在前、享乐在后，开拓创新、共同建设，推动实现自我价值提升和社会全面发展。

治国之道，富民为始。

——汉·司马迁《史记》

脱贫有道，致富光荣；

团结一心，共奔前程。

岂曰无衣？与子同袍。

王于兴师，修我戈矛。与子同仇！

——《诗经·秦风·无衣》

各出所学，各尽所知，

使国家富强不受外侮，

足以自立于地球之上。

为天地立心，

为生民立命，

为往圣继绝学，

为万世开太平。

——北宋·张载《横渠四句》

发愤图强，成材不负青云志；
继往开来，报国常怀赤子心。

先天下之忧而忧，后天下之乐而乐。

——北宋·范仲淹《岳阳楼记》

爱国，

是奠定在中国人骨子里的责任。

明日复明日，明日何其多。

我生待明日，万事成蹉跎。

——明·钱福《明日歌》

常常常立志，

不如立个长志。

合抱之木，生于毫末；

九层之台，起于累土；

千里之行，始于足下。

——《道德经》

别怀疑努力的意义，

努力永远都不会辜负你。

追光者，终会光芒万丈。

二、我们都是追梦人

梦想，是对人生的美好期待，是一场披荆斩棘的负重前行，纵然脚踏深渊，依然让我们保有向上的力量。

梦想是中华民族千百年来从不曾放弃的精神航标。多少志士仁人舍生取义，在追梦的道路上不断求索。“亦余心之所善兮，虽九死其犹未悔”，屈原的梦想是国家富强、人民安乐；“安得广厦千万间，大庇天下寒士俱欢颜”，杜甫的梦想是居安思危、兼济天下；“夜阑卧听风吹雨，铁马冰河入梦来”，陆游的梦想是征战沙场、保家卫国；“衙斋卧听萧萧竹，疑是民间疾苦声”，郑板桥的梦想是心系百姓、为民谋福……个人的梦想汇聚起来，便形成了中华民族几千年来对美好生活的共同理想追求。

近代以来，从积贫积弱到繁荣富强，从受人凌辱到扬眉吐气，中华民族始终没有放弃复兴之梦、强国之梦。站在新的历史起点上，对于幸福，人们有了更高的定义；对于梦想，人们仍在孜孜不倦地追求。

“让我们与时代、与国家一起努力奔跑，在奋斗中追梦圆梦。”习近平总书记的话为我们追梦筑梦圆梦指明了方向：

一、要做坚定的追梦人

每个人都有梦想，梦想本就没有高低之分，每个梦想都值得被尊重。只要胸中信念坚定、心中梦想炽热，它就会指引我们、激励我们追梦的脚步昂然向前、永不停歇。

二、要做坚实的筑梦人

筑梦路上，洋溢着花香，也布满了荆棘，存在着各种变数，要在关键时刻冲得上去、在危难之际豁得出来、在紧要关头展现大智慧大担当，要踔厉奋发、勇毅前行，为构筑梦想贡献自己的力量。

三、要做坚毅的圆梦人

梦想的实现离不开筚路蓝缕、手胼足胝的艰苦奋斗。圆人生之梦并非一朝一夕的事情，需要坚持不懈、持之以恒；圆强国之梦，并非一时一代的事情，需要赓续奋斗、踔厉笃行。我们的人生因梦想而光明，因行动而真实，最终也因奋斗而成功；我们的国家因梦想而伟大，因团结而强大，最终也因拼搏而复兴。

曰："独乐乐，与人乐乐，孰乐？"

曰："不若与人。"

——《孟子·梁惠王下》

分享是一种神奇的东西：
能让快乐变得更多，
让悲伤变得更少。

夫君子之行，静以修身，俭以养德，

非淡泊无以明志，非宁静无以致远。

——三国·诸葛亮《诫子书》

认识自己，

找到自己，

然后实现自己。

忆我少壮时，无乐自欣豫。

猛志逸四海，骞翮思远翥。

——东晋·陶渊明《杂诗》

青春就像一场大雨，

即使感冒，

也想回头再淋一次。

会当凌绝顶，一览众山小。

——唐·杜甫《望岳》

努力走过的每条路，
都是上坡路。
走得越扎实，
风景越独特。

千人同心，则得千人之力；

万人异心，则无一人之用。

——引申自《淮南子》

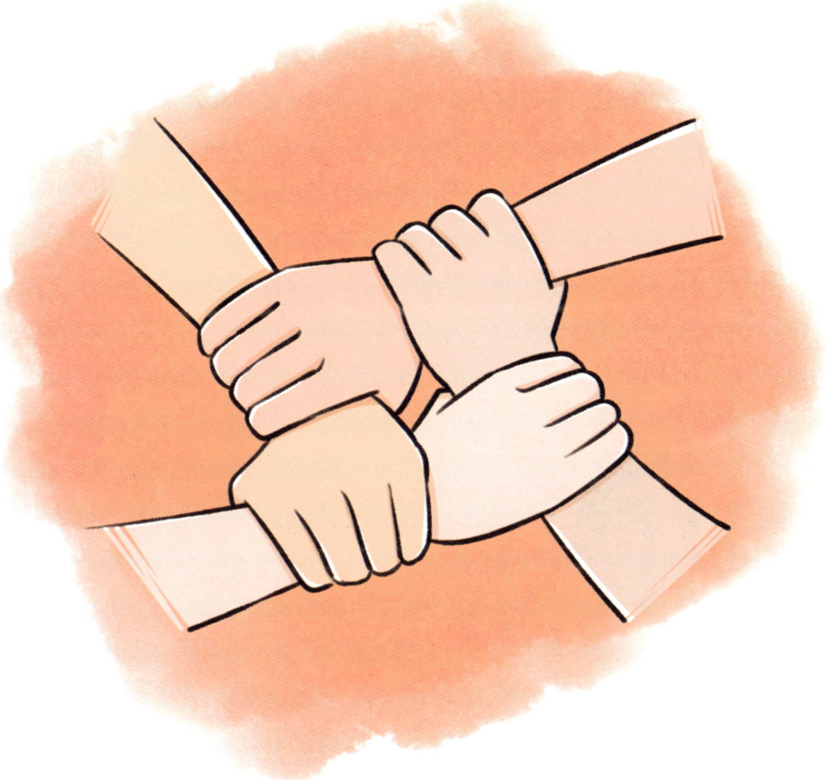

谋事“一条心”，
干事“一股绳”，
工作“一盘棋”，
发展“一股劲”。

心心在一艺，其艺必工；

心心在一职，其职必举。

——清·纪昀《阅微草堂笔记》

奋斗其实很简单：

干好自己的事儿就行了！

后记

本书是山东省委宣传部为更好在全省倡树新时代美德健康生活方式的重点支持项目。本书坚持以习近平新时代中国特色社会主义思想为指导，深入学习贯彻习近平文化思想，贯彻落实党的二十大精神，立足传承弘扬中华优秀传统文化，推动社会主义核心价值观融入日常生活，以图文并茂的方式讲述了新时代美德健康生活方式的应有之意和践行途径，更好地推动美德健康理念落地践行、深入人心，打造提升“厚道山东人”形象，建设新时代美德山东。

山东省委常委、宣传部部长白玉刚亲自指导，提出策划方案。袭艳春、孙文利、张同海等同志统筹协调编写工作，并审改书稿。具体研究和编写工作由山东广播电视台电视齐鲁频道承担，孙珊、李化成和杨健为编写负责人，王风强、周昕、林晓英、王斐然等同志参与具体编写。宫中亮、刘佳全程参与撰稿组织和统稿工作。

本书成稿后，为保证学术内容的专业性和严谨性，邀请著名学者杨朝明先生对本书给予学术指导并作序，邀请乘果广告(山东)集团有限公司的资深插画师团队参与漫画内容创作，山东人民出版社对本书的出版给予大力支持，在此表示感谢。

需要指出的是，因能力和水平有限，文中难免存在不够完善之处，敬请读者批评指正。

本书编写组

2023年10月